中国古代赋税徭役

吉林出版集团有限责任公司

吉林文史出版社

◎ 主编 金开诚

◎ 编著 魏 莹

图书在版编目（CIP）数据

中国古代赋税徭役 / 魏莹编著 . —长春：吉林出
版集团有限责任公司，2011.4（2022.1 重印）
ISBN 978-7-5463-4968-8

Ⅰ . ①中… Ⅱ . ①魏… Ⅲ . ①赋税制度－中国－古代
②徭役－中国－古代 Ⅳ . ① F812.92

中国版本图书馆 CIP 数据核字（2011）第 053400 号

中国古代赋税徭役

ZHONGGUO GUDAI FUSHUI YAOYI

主编/金开诚 编著/魏 莹
项目负责/崔博华 责任编辑/崔博华 钟 杉
责任校对/钟 杉 装帧设计/柳甬泽 王 惠
出版发行/吉林文史出版社 吉林出版集团有限责任公司
地址/长春市人民大街4646号 邮编/130021
电话/0431-86037503 传真/0431-86037589
印刷 / 三河市金兆印刷装订有限公司
版次/2011 年 4 月第 1 版　2022 年 1 月第 5 次印刷
开本/640mm×920mm 1/16
印张/9 字数/30千
书号/ISBN 978-7-5463-4968-8
定价/34.80元

关于《中国文化知识读本》

　　文化是一种社会现象，是人类物质文明和精神文明有机融合的产物；同时又是一种历史现象，是社会的历史沉积。当今世界，随着经济全球化进程的加快，人们也越来越重视本民族的文化。我们只有加强对本民族文化的继承和创新，才能更好地弘扬民族精神，增强民族凝聚力。历史经验告诉我们，任何一个民族要想屹立于世界民族之林，必须具有自尊、自信、自强的民族意识。文化是维系一个民族生存和发展的强大动力。一个民族的存在依赖文化，文化的解体就是一个民族的消亡。

　　随着我国综合国力的日益强大，广大民众对重塑民族自尊心和自豪感的愿望日益迫切。作为民族大家庭中的一员，将源远流长、博大精深的中国文化继承并传播给广大群众，特别是青年一代，是我们出版人义不容辞的责任。

　　《中国文化知识读本》是由吉林出版集团有限责任公司和吉林文史出版社组织国内知名专家学者编写的一套旨在传播中华五千年优秀传统文化，提高全民文化修养的大型知识读本。该书在深入挖掘和整理中华优秀传统文化成果的同时，结合社会发展，注入了时代精神。书中优美生动的文字、简明通俗的语言、图文并茂的形式，把中国文化中的物态文化、制度文化、行为文化、精神文化等知识要点全面展示给读者。点点滴滴的文化知识仿佛繁星，组成了灿烂辉煌的中国文化的天穹。

　　希望本书能为弘扬中华五千年优秀传统文化、增强各民族团结、构建社会主义和谐社会尽一份绵薄之力，也坚信我们的中华民族一定能够早日实现伟大复兴！

目录

一、汉代之前的赋役演变 001

二、从魏晋到唐代的赋役演变 037

三、宋元时期的赋役演变 073

四、明清时期的赋役演变 091

五、中国古代赋役制度发展的规律和特点 123

一、汉代之前的赋役演变

（一）春秋之前

从夏、商一直到西周，赋税大多以贡、赋这两种形式存在，其实质就是统治阶级直接占有生产者的劳动产品。比如，商代臣民向国君进献的财物称为土贡，西周土贡有皮帛、宗庙之器、绣帛、木材、珍宝、祭服、羽毛等九类，称作九贡。

1. 西周之前

根据有关文献记载，夏、商、周三代都是定额贡纳制度，征收标准是若干年农业收成的平均数。根据多数历史学家的意见，这个征收的额度应该是十分之一，也就是著名的"什一税"。"十里抽一"这个比例在古代中国持续了很久。

根据一些出土的文物和史料可以知道，商朝的贡纳关系包括"外服"和"内

服"两种,二者有较大差别。所谓"外服",是一些臣服于商政权的部落,如侯、甸、男、卫等,对以商为中心的国家或部落联盟首领所进献的贡纳。这种贡纳没有固定的数量和期限,只是一种表示友善的象征性形式。"内服"主要出自在朝中任职的部落首领,上贡物品多是大量的牲畜或其他一些珍奇动物及卜甲、卜骨、弓、玉等等。

2.西周时期

(1)综合式赋税制度的形成

到了西周时期,贡纳逐渐形成等级

制度。上古的文献中记载了九种赋税形式，其中既包括田赋、人头税，又包括商税、货税。这些赋税，采取的是"近轻远重"的原则，以周王所在的王城为中心向外延展。王城近郊税率为5%，距离王城越远的地方税率就越高，最高可达20%。这样制定税率的理由是，距王城近的人民须负担较重的徭役，所以其税率就应该轻一些。并且当时已经是依

照土地肥沃程度的不同，采取不同的税率征收赋税。相关文献中记载着具体的实行方法：最好的土地被分给七口之家，中等的土地分给六口之家，下等的土地分给五口之家；而分到最好土地的七口之家，应该出三人为统治者服务，六口之家两家一共出力役五人，五口之家出力役二人。这样就形成了按亩数和肥沃程度分配土地、按人口和土地分配力役的综合式赋税制度。

（2）井田制及其税法

田税由田而出，因此有必要说明当

时的土地制度，即井田制。

井田制是我国古代社会的土地国有制度，始于夏、商，盛行于西周。当时，道路和渠道纵横交错，把土地分隔成方块，形状像"井"字，故称作井田。上古时候，以三百步为边长围成一块正方形田地。夏代曾实行过井田制，商、周两代的井田制都继承自夏制。西周时井田属周王所有，分配给庶民使用。封建领

主不得私自买卖和转让，还要交纳一定的贡赋给周王。领主强迫庶民集体耕种井田，井田制是商周时期占主导地位的一种土地制度，它还保留有原始社会公有制下农村公社对土地管理的某些形式，但其性质已是一种奴隶制下的土地剥削制度。

井田制在长期实行过程中，从内容到形式均有发展和变化，大致可分为"八家为井有公田"与"九夫为井无公田"

这两个系统。

当时九个以一里为边长围成的正方形田地称为井田，中间的那块田地是公田，周围的八块是私田；每块私田对应一户人家。"八家为井有公田"的意思是说，八户人家在共同耕作公田之后，再耕作自己的那块私田。"八家为井有公田"这个制度的实质是以"助"的形式纳税，"助"就是在公田中服劳役，也就是力役的意思。而"九夫为井无公田"的制度内容是九个农户各自负责上述的井田的

九分之一，井田中没有公田而全部是私田，最后赋税的形式是每块田地按照"什一税"的比率上缴收成。"九夫为井无公田"这个制度的实质是以"贡"的形式纳税，"贡"就是缴纳土地生产的实物。

当时的赋役制度叫做"彻法"，内容就是"贡""助"这两种制度的结合。古时实行易田制（即轮耕制），即"不易之田"一家是一百亩，"一易之田"一家二百亩，

"再易之田"一家三百亩。年年耕种的为"不易之田",一年轮换耕种一次的为"一易之田",休耕两年再耕种一次的为"再易之田"。至于在一易之田、再易之田中如何以"井"为耕作单位进行区划,已无法推知。

井田制由原始氏族公社土地公有制发展演变而来,其基本特点是实际耕作者对土地没有所有权，而只有使用权。土地在一定范围内实行定期平均分配。夏朝、商朝时期实行的"八家为井""同养公田"之制，公有成分更多一些。周代以后出现的"九夫为井之制"个人私有的成分已增多，可以看做私田已被耕作者占有。西周中期，贵族之间已有土地交易，土地的个人私有制至少在贵族之

间已经出现。由此，自上而下，进一步发展为实际耕作者的土地个人私有制。

（二）春秋战国时期

1. 春秋时期

春秋时期，由于井田制日益瓦解，旧的奴隶制的剥削方式已无法继续维持

下去，各诸侯国相继实行"履亩而税"的赋税制度，即按土地的数量来定税。如齐国的"相地而襄征"，鲁国的"初税亩"，楚国的"量入修赋"，都是按土地的多少、好坏而征收差额赋税。这对封建生产关系的发展和新兴地主阶级势力的壮大，起了极大的促进作用。

（1）齐国"相地而襄征"的土地政策

"相地而襄征"也称"相地而衰征"，是春秋时期齐国实行的一项新的土地征税制度，是管仲经济改革中的重要内容。简单地说，就是指根据土地的好坏、收成的多少来征收田税。当时的文献中都记载了这项重要的经济改革措施。如《国语·齐语》就记载说，"相地而衰征"就是根据土地质量的好坏，即肥瘠程度按亩征税。还有更详细的记载说，根据土

地的亩数纳税，收成最好的年景采取十
分之三的税率，收成一般的年景采取十
分之二的税率，收成不好的年景采取十
分之一的税率，饥荒的年景免税。齐国
实行"相地而衰征"无疑是一项重大的
改革，它的意义是开始承认田地私有，
出现了瓦解土地归周王所有的"井田制"
的倾向。

（2）鲁国的"初税亩"

初税亩是公元前 594 年在鲁国开始实行的按亩征税的田赋制度，它是承认土地私有合法化的开始。当时，由于牛耕和铁农具的普及和应用，农业生产力提高，大量的荒地被开垦后，掌握在私人手中，成为私有财产；同时贵族之间通过转让、互相劫夺、赏赐等途径转化的私有土地也急剧增加。实行"初税亩"

田赋制度之前，鲁国实行按井田征收田赋的制度，私田不向国家纳税，导致农业对财政贡献不断减少，国家财政收入不断下降。因此适应新形势的赋税政策应运而生。

　　从字面意义上解释，"初"是开始的意思，"税亩"就是按土地亩数对土地征税。"初税亩"的具体方法是对公田征收其收成的十分之一作为赋税，对公田之外的份田、私田同样根据其实际亩数，收取收成的十分之一作为赋税。"初税亩"是土地私有制前提下平等赋税制度的最初形式，是符合经济发展的一般规律的。它在激发劳动者生产积极性方面起到了积极的作用，是当时社会条件下比较科学的选择。"初税亩"的实施也使社会分配方式发生了显著改变，按实际田亩产量十分之一纳税的具体方式，使劳动者切实体会到了努力耕作所带来的收益，从而促使劳动者不断提高劳动效率。

（3）鲁国"初税亩"和齐国"相地而衰征"的区别

　　"初税亩"这种按耕地的实际亩数收取实物赋税的做法与齐国管仲改革中的"均田分力""相地而衰征"有很大的相似之处，但也有一定的区别。管仲改革后的"相地而衰征"政策仍是建立在土地国有的基础之上的，而鲁国"初税亩"的实施等于承认了土地的私有。管仲改革后的农业税收征收的前提是农户租用了属于国家的土地，税收还带有"地租"的性质；而"初税亩"则是在认可了土地私有的前提下，凭借国家政治权力向土地所有者征收的赋税。也就是说，"初税亩"更接近于现代的税收。所以大多数研究者倾向于把鲁国的"初税亩"作为我国农业税征收的起点。

2. 战国时期

公元前5世纪的战国时期，各国为了应付战争的需要，争相进行赋税制度

改革。虽然名目和形式各异，但总的来说，当时新兴地主阶级已掌握了政治权力，他们普遍采用地租的形式来剥削农民。例如秦国的商鞅变法，就是以废除井田制、实行土地私有制为重点。这是战国时期各国中唯一用国家的政治和法令手段在全国范围内改变土地所有制的事例。《史记》中记载，当时商鞅任左庶长，颁布条令废除井田制。法令规定，允许人们开荒，承认土地私有，并可以自由买卖，赋税则按照各人所占土地的多少来平均负担，按人丁征户赋。此后秦政府虽仍拥有一些国有土地，如无主荒田、山林川泽及新占他国土地等，但后来又陆续转向私有。这样就破坏了奴隶制的生产关系，促进了封建经济的发展。

商鞅还推行重农抑商的政策。鼓励耕织和分户，生产粮食和布帛多的，可免除本人劳役和赋税，以农业为"本业"，以商业为"末业"。因弃本求末，或游手好闲而贫穷者，全家罚为官奴。商鞅还

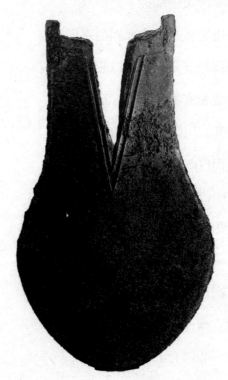

招募无地农民到秦国开荒。为鼓励小农经济，还规定凡一户有两个儿子的，到成人年龄必须分家，独立谋生，否则要出双倍赋税。禁止父子兄弟（成年者）同室居住，推行小家庭政策。这些政策有利于增殖人口、征发徭役和户口税，发展封建经济。

为了保证国家的赋税收入，商鞅制造了标准的度量衡器，如今传世有"商鞅量"。商鞅的这一做法意义重大，使全国上下有了标准的度量准则，为人们从事经济、文化的交流提供了便利的条件。也对赋税制和俸禄制的统一产生了积极作用。

由此可见，秦国进行了赋税制度的改革，征收的赋税不仅有田赋还有户赋。这些改革，促进了社会生产的发展，增加了财政收入，为以后秦政权统一六国奠定了物质基础。随着税、赋的分离，

在战国时期力役也成为独立的概念。确
立了赋、税、力役的"三征"结构，成
为中国封建社会长期沿用的赋役体系。
因此，从赋役制度的沿革来看，一般把
春秋战国时期看做是中国古代社会由奴
隶制向封建制转化的历史阶段。

（三）秦汉时期

1. 秦代赋税

公元前 221 年，秦王嬴政先后灭韩、
赵、魏、楚、燕、齐六国，完成了统一

中国的大业，建立了第一个多民族的、统一的封建大帝国——秦朝。秦朝赋税制度基本继承了商鞅变法的内容，如赋税分为田租、口赋和杂赋三种——田租是按土地征粮，税率约为十分之一；口赋是按人头征钱，每人约缴120钱；杂赋一般是临时性的征调。这种土地制度

和赋税制度对封建地主有利，也有利于社会经济的恢复和发展，同时在一定程度上还能维护大一统的局面。

公元前 216 年，嬴政颁布法令，命令地主和有地农民自报占有土地数，按定制缴纳赋税。秦田律规定：每顷土地应向国家缴纳饲草三石（石为古代计量单位，一石为十斗，约等于现在 120 斤），禾秆二石。如果隐瞒土地，少缴或不缴租税，要受到法律的惩处。如果征收田租的官员已向农民征收田租，而不上报，就以隐瞒田租之罪论处。历史学家对秦朝收取田租的计税对象和税率形式有两

种不同说法。一种意见是不以土地为准而以人头收税，另一种意见是主张秦朝的田租作为一种土地税，是根据土地纳税的。根据现有材料和历史经验推测，秦朝对各地征收的田租很可能制定了各自固定的税额。

口赋，又称户赋，是官吏到百姓的家中，以户为单位进行收取的赋税。税额未知，应该不少于汉代的算赋，即每人 120 钱。

秦朝的力役分为徭、戍两类。所谓"月为更卒",指秦朝男女每年要完成一个月的徭役。所谓"正卒之役",是以一年为服役期限的,这在秦律中多称为"戍"。当然,力役是针对被统治的广大人民的。爵位高于一定的等级,就可以免除徭役。

2.汉代税制

根据《汉书·食货志》可以知道,汉代的赋税主要是人头税和田租,此外还有一定的徭役。汉代实行的是减轻田租而加重人头税的政策。

人头税分算赋和口赋两种。汉初规

定，15 至 56 岁的人，不管是男是女，每人每年纳赋 120 钱，叫算赋；7 至 14 岁的小孩，每人每年纳赋 20 钱，叫口赋。

与秦律类似，汉律要求农民按田亩如实向国家报告应缴租额，报告不实或家长不亲自报告，要罚铜二斤，还要把未报的农作物及钱物没收入县一级的国库。与秦不同的是，汉初鉴于秦亡的教训，采取了休养生息的政策，减轻人民的负担，以保证其统治的稳定。汉高祖（前 202—前 195 年在位）时规定田租按产量征收，十五税一，即税率为十五分之一；景帝（前 157—前 141 年在位）时

改为三十税一，汉代从此多遵从景帝的

这个税率。

徭役分为劳役和兵役。成年男子一

生要服两年兵役，每年服一个月劳役。

自周代起，徭役即有赋役与职役之别。

赋役是人民在一定时间内为某种事项提

供的劳役；职役是为各级地方行政机构

承担的无偿公职。秦代时用商鞅之法，

人民每月在当地的郡县政府中担任无偿

公职，此外还需要在军队中服役。一般

是服一年的军役，再服一年的力役。汉

代因循未改，成年人满 20 岁就要开始服徭役，到年满 55 岁时可以不再负担徭役。不去服役的人也可以出钱代替服役，叫做"更赋"，费用为每月出钱二千文。因此"更赋"实际上也是徭役的一种。

西汉末篡权的王莽曾评论西汉的赋税，认为汉朝减轻田租，把税率定为三十税一，但是更赋和徭役不断增加，豪强地主又欺压百姓、侵占土地，因此所谓三十税一，并没有实行过，实际上的税率几乎是十分之五。这说明休养生息、轻徭薄赋这些政策，并没有统治者宣传得那样好，而是具有强烈的局限性。此外，依据重农抑商的国策，汉代对商人和商业课以重税。商人要将自己的资产及收入禀报给官府，隐匿不报者及禀报不实者，均处以充军戍边一年、财产没收的处罚，而举报人可以得到罚金的一半作为奖励。

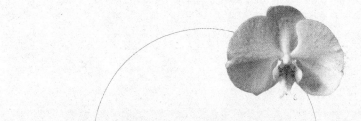

二、从魏晋到唐代的赋役演变

（一）魏晋南北朝时期

1. 东汉末年"租调制"的出现

东汉末年，战乱频繁，人民背井离乡、流离失所，官府籍簿散佚，无法按"丁"（成年男子）征赋。而居住的"户"比"丁"易于统计，而且比较稳定，所以改为按"户"征收，称作"户调"。

根据《三国志·魏志》记载，曹操

进驻冀州后颁行"租调制",实行"计亩而税""计户而征"的赋税法令。具体内容为:对土地所有者(包括自耕农和地主),每亩土地征收田租谷四升,每户征收户调绢二匹、绵二斤。当时商品货币关系减弱,纺织业兴起,所以以纳绢或布帛的形式而不是以货币的形式收缴赋税。

户调取代汉代沉重的人头税,对农民有好处,也有利于大族豪强地主隐瞒佃户不报、逃避赋税、加强土地兼并。虽然曹操的命令加重了对豪强兼并行为的惩罚,但土地兼并实际上并未被阻止。

2."租调制"的发展与北魏孝文帝改革

晋武帝(265—290年在位)统一国家后,于280年颁布《占田令》,实行"课田制"和"户调式"的赋税制度。"课田"指的是应向国家纳税的田地数量。《占田令》规定:丁男(16至60岁的男子)按

五十亩缴田租，丁女（成年女子）按二十亩缴田租。如户主为次丁男（指 13 至 15 岁和 61 至 65 岁的男子）按二十五亩缴租，为次丁女的不缴租。五十亩收租税四斛，即每亩八升。除田租外，还要缴纳户调，丁男做户主的，每年缴绢三匹、绵三斤；户主是女的或次丁男的，户调折半缴纳。与曹魏时相比，田租增加一倍，户税增加了二分之一。晋武帝死后，内乱即起，因而《占田令》没有得到长久实施；但是在南北朝期间，《占田令》可以作为赋税轻重的一个衡量标准。

南朝赋税苛重混乱，北朝自北魏起实行"均田制"后，赋简史征收额度大为改观；其中，北魏孝文帝的改革起到了重要作用。孝文帝的改革涉及政治、经济、文化等各个领域，范围极其广泛，内容也极为丰富。其中对赋税制度影响最大的是"均田制"的推行。北魏太和九年(485年)颁布《均田令》，主要内容是：15岁以上的男子给予种植谷物的露田四十亩，妇人二十亩；男子每人给予种植树木的桑田二十亩、产麻地方男子给麻田十亩，妇人五亩。次年，颁布征收租调的法令，规定一夫一妇每年交纳

租粟二石、调帛一匹；15 岁以上的未婚男女四人、从事耕织的奴婢八人、耕牛二十头，分别负担相当于一夫一妇的租调额，并建立"三长制"，也就是五户人家由一位邻长管制，五邻由一位里长管制，五里由一位党长管制；邻长、里长和党长这三长负责清查户籍、征收租调和徭役。

均田制实际上是把荒地、无主地以及所有权不确定的土地作为给农民的授受之田，授受之田有桑田、露田之分。露田经过一定期限之后要归还给国家，因此不准买卖；桑田是全权赐予农民的，但是买卖也受到限制。均田令强制授给

露田，实质上就是强制垦荒。生地变成熟地，所有权仍归国家。同时，均田制使农民分得了一定数量的土地，将农民牢牢束缚在土地上，成为国家的编户，保证了地主们的基本利益及土地私有制。而租调制则相对减轻了农民的租调负担，改善了农民的生产生活条件，一定程度上促进了生产力的发展。

北魏以后，相继建立的北齐、北周、隋以及唐王朝的初期，都颁布过类似的均田令及租调法，具体办法有一些改动，但是不大。纵观北朝调绢帛（或麻布）制度的变化，大体可以归纳为以下两点：一是调绵绢布麻的定额呈下降趋势；二是由户调逐渐向丁调转化。魏晋时期，与商业有关的各种赋税大体上都保留。如关津税等。魏晋时仍有市租，主要是针对坐贾（有店面的商人）征收，有营业税的性质。

（二）隋及唐前期

1.隋代的均田制和租庸调制

隋制规定，自亲王至都督都由皇帝赐给永业田，多的达到百顷，少的也有三十顷。京官从一品至九品都授予职分田，多的达到五顷，少的也有一顷。官署给公廨田（廨是旧时官吏办公的地方，称为郡廨、公廨等），用来供官府使用。农民和耕牛的分田方式和北齐相同，即一夫一妇分露田一百二十亩，丁男分永业桑田或麻田二十亩。地主官僚的奴婢分田，按其地位高低限制在六十人

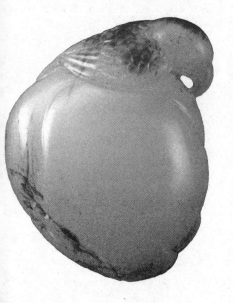

到三百人之间，奴婢分田的数量和普通人民一样；丁牛一头分田六十亩，限制在四牛以内。

隋朝实行的均田制度，显然对官僚地主有利。首先是官僚地主分田比农民多，官位越高分田越多。奴隶分田虽有限制，但官僚地主仍可利用奴隶占有大量土地，而农民却连应分的田也分不足，有些耕地少的郡县的农民，每人仅仅能分到田地二十亩。

均田制不是将所有土地都拿来分配，而是在不触动地主土地私有制的前提下推行的。也就是说，均田制是将政府所能支配的土地与一些无主荒地分配给农民耕种，将农民固定在土地上，以利于封建国家的剥削。另一方面，实行均田制，使农民得到了一些土地，而地主的土地兼并也多少受到一些限制，这就有利于提高农民的生产积极性和扩大农业再生产。

在均田制的基础上，隋朝实行了租庸调制度。租庸调制规定：丁要负担赋役，老人则免去赋役。缴纳租调，一般以"床"（一夫一妇）为单位来计算。丁男一床，纳租粟三石；调需要视桑田和麻田而缴纳不同的实物，桑田纳绢一匹和绵三两，麻田则纳布一端和麻三斤。未婚单丁和奴婢则纳一半租调。力役方面，隋初沿袭旧法，每年服役一个月；583年，改为21岁起服役二十天；590年增加了50岁免役收庸（用布帛代替力役）的规定，调绢也减为二丈。

隋炀帝杨广时免除了妇人、奴婢和部曲的租调。部曲在魏晋南北朝时指家兵、私兵，隋唐时期指介于奴婢与平民之间属于贱民的社会阶层，是和奴地位差不多的社会底层。

魏晋南北朝的田租制度经历了许多变化，总的趋势是按亩收租、按户收租、按丁收租。隋炀帝免除对妇人及奴婢部曲的课税，是我国古代赋役制度史上的一次大变革。因为直到取消了所谓的"丁女"之后，计租的基准单位才最终由"计床"而变为"计丁"。对没有丁男的贫弱女户，这一变化显然很有利；将奴婢、部曲改为非应授田户并除其税，显然有利于拥有奴婢部曲的贵族、官僚和地主。但是，与前代相比，农民的负担也有所减轻。农民从事生产的时间较多，收入也有所增加，这有利于提高农民的积极性，有利于促进农业生产的发展。

2. 唐代前期的租庸调制

（1）租庸调制概述

唐代前期的租庸调制仍然主要由

租、庸和调这三个部分构成。

租是按照国家配给农民耕种的田亩数来收取田税的方式。这种国家授田需要农民在年老时交还给政府，而在其授田时期，农民则需要负担一定租额的赋税。这仍然是一种均田制度，承袭北魏以来的均田制。均田制与古代的井田制不同之处在于，井田分属于封建贵族，而均田则全部属中央政府，即国家。均田是郡县制度下的井田，而井田则是封建制度下的均田。唐代初期的租额仅为

四十税一，较之于汉代三十税一，更为优惠。

庸是力役的实物替代形式，是农民对国家的义务劳动的一种补偿。初唐时期规定，每人每年服徭役二十天——较之于汉代每人每年服徭役三十天又减轻了。如果不想服役，每天缴纳绢三尺或布三尺七寸五分，就是庸，也叫"输庸代役"。官僚贵族享有免除租庸调的特权。

调是一种土产贡输，各地人民须以其各地土产贡献给中央，大体上只是征收丝织物和麻织物。

租庸调制是以均田制的推行为前提

的，均田制规定每个成丁的农民都受田
一百亩，因此国家征收租庸调时只问丁
身，不问财产。大体上，唐代比汉代税
率更轻，原则上是一种轻徭薄赋的制度。
同时租庸调项目分明，有田的人才需要
缴纳田租，自由的成年人才有庸的负担，
成家的人才需要贡献调；这是唐代税制
优于汉代税制的地方。唐代租庸调制的
主要目的是使人身自由的农民可以拥有
耕田并且成家，这样他们就可以负担得
起政府的税额，从而有利于地主阶级的
统治。赋役和力役是封建国家主要的财
政来源，历代统治者都十分重视赋役
立法。从魏晋开始一直到唐代前期，统
治阶级逐步改变了秦汉时期的赋税制度
以适应变化的社会政治经济形势。唐代
的租庸调税制是对唐朝以前我国两千多
年来各朝代所实行的实物税的总结和集
成，并有一定的创新，内容比较系统和
完整，因此在我国封建赋税制度史上占

有重要的地位。

（2）租庸调制在唐朝的发展沿革

经过隋末农民大起义和长期的战乱，唐代前期的政府手中掌握了大量无主荒地。政府将这些土地按规定分配给成年男女；得田农民按一定比例向政府交纳一定数量的租税和当地所产的绢、帛，并无偿地为政府服徭役一定时间，不服役的话就需要按照比例缴纳一定数量的绢帛作为补偿。

618 年，唐朝建立。第二年，也就是武德二年，租庸调制的税法正式颁布。税法中规定，每名丁男每年应该缴纳谷物两石作为田租，绢帛二丈作为庸，绵麻三两作为调，除此之外，不允许各地官府再征收任何其他形式的赋税。到了武德七年进一步规定：岭南等地缴纳稻米作为田租即可，标准是上户一石二斗，次户八斗，下户六斗；南方少数民族以下户的一半作为标准纳税；北方少数民族归附中央政府的，按照上户每丁交税十文、中户五文、下户免收的标准纳税，然后到了归附期满二年的时候，上户每丁输羊二口、次户一口、下户三户共一口。同时，与一般民户相关的还有各项附加税，如脚钱、营窖加耗等。

武德七年的规定中对征庸代役做了一些详细说明。每名男丁每年

应该服力役二十天；如果不参与力役，可以缴纳庸作为替代，庸的标准是每日三尺棉或者麻，并无年龄或役种的限制。到开元、天宝年间，就全国范围而言，征庸代役已成为普遍情况，庸绢布成为政府绢布形态的财政收入的大宗。但就局部地区而言，作为正役的力役依然存在。在通常的情况下，庸和役并不并征。租庸调法还规定依照灾情轻重，减免租庸调的具体办法。里正和州、县官负责按上述法令授田、收田、征课赋税。唐律规定，三事失一者，里正及州、县官分别处以笞刑或杖刑；课税违期不缴或

擅自赋敛，利不归国家者，也要处刑。

开元年间又做了新规定：布帛要求一尺八寸宽，四丈长才算一匹；布五丈算一端，绵六两为一屯，丝五两为一绚，麻三斤为一庹。如果某户人家缴纳的庸调不满匹、端、屯、绚这几个单位，要就近凑成整数。庸和调是可折纳的，主要是折纳成相应数量的米粟。安史之乱后的一段时间，江淮、荆楚一代的庸调出现过折算成钱币的现象，是当时特殊情况造成的，没有普遍意义。

（3）唐代前期的杂税

户税，在唐朝前期称为税钱，偶尔也称为税户或者叫户税。它是唐朝前期杂税的一种，但因为不是正税，所以不载于《赋役令》。唐朝的税钱，无论是全国税钱的总额，还是平均每户应纳的税额，都呈明显上升的趋势。唐代前期，税钱在朝廷的总收入中所占的比例不大，其财政意义也不及义仓税。但仅就货币

形态的财政收入而言，税钱的财政意义很大。因为在以实物税赋为主的历史时期，税钱的收入为当时货币形态的财政收入的最大宗。

唐开元之前还没有商税的明文规定，也没有酒禁、盐禁。只有政府控制的一些盐池、盐井需要缴纳盐供给京师或军队。隋至唐前期的商人也有课税，但是他们纳税的标准与一般农户区别不大。到天宝年间，政府开始对市肆中的商贾征收商税。不过总的来说，安史之乱以前，唐王朝对于工商业与关津都是重在管理，并不在意其赋税。安史之乱后，政府财政极端困难，于是关卡林立，疯狂征收商税，比如流通税、营业税等等。由于一般商税仍然无法解决财政危机，唐政府开始针对盐、酒这样的稀缺奢侈品征税，后来安置官吏实行专卖。《旧唐书》中记载，通过刘晏的改革，将

官运官销改为商运商销又更增加了商业税赋的收入。唐代大历年间末期，全国赋税收入每年为一千二百万贯钱，其中商税收入超过一半。

（三）唐后期至五代

1.两税法产生的背景

作为隋朝和唐前期国家赋税收入主要来源的租庸调制，在当时的一定历史阶段中确实起到了调动农民积极性，恢

复和发展农业经济，保证封建国家赋税
收入的作用。但是，唐代租庸调制的实
质仍然是秦汉以来小农经济的变种，没
有实质性的变化；其实施的前提条件是
战争造成的大量荒地。小农经济脆弱，
自然灾害或者征敛无度，都可以使之破
产，这又为豪富地主的土地兼并制造了
机会。对于租庸调制来说，小农的破产，
就意味着国家财政来源的枯竭。因此时
至盛唐，随着社会和经济形势的变化，
租庸调制的不合理性更加明显。

租庸调制的中央征税以人丁为本。

安史之乱前，天宝十四年(755年)，中央政府管理支配户数为891万多户，人口为5292万多人。安史之乱开始后，河北掌握在叛军和割据一方的节度使手中，河南、山东、荆襄、剑南等地都有驻军拥兵自重，租赋不上缴中央。因此唐中央王朝支配的户数和人口锐减，主要财政收入只能依靠淮南和江南——乾元三年(760年)，户数只有193万多户，人口只有1699万多人。因此，唐中央政府为了弥补财政亏空，就征收名目繁多的苛捐杂税。据史料记载，征收赋税的种类高达几百种，无用的税种不削减，重复的税种不去除，新的税制和旧的税制重叠在一起，如此严重的苛捐杂税无穷无尽。同时，各地方的豪强地主依仗财势，采取托名骗取官爵、伪装成不必纳税的僧侣等等手段逃避徭役、赋税。由于唐

王朝对土著户（当地人）的征收标准高于客居户（外来户），客居户还可以不服徭役，所以豪绅仕宦之家纷纷以寄住户或寄庄户的名义，取得轻税和免役的待遇。这样，田赋和徭役就都落在农民身上，农民不堪重负，只得逃亡。反过来，农民的大量逃亡，又加重了本来已经举步维艰的财政困难。

总之，从盛唐到中唐，经济和税制进入了一个恶性循环：首先是土地兼并严重、编户流失，其直接后果是作为租

庸调制基础的均田制遭到破坏，这导致了国家财政收入日减，国家随即加重赋税剥削，然后是不堪重负的农民大量逃亡、编户继续流失。这时，从北魏开始直到隋唐实行均田制的基础上建立的租庸调制已经定型，其自身内部的调整已经无法适应剧烈动荡的社会经济环境，尤其是在安史之乱导致全面破坏的情况下，唐王朝被迫走向两税法的改革。

2. 两税法的内容

唐德宗建中元年 (780 年)，朝廷采用宰相杨炎的建议，颁布实行两税法，对赋役制度进行全面改革。两税法以夏、秋两次征税而得名，其核心内容是以一个家庭的财产状况和田亩数量为依据征收赋税。同时政府针对商业贸易日益活跃的现实，对茶、酒、盐等商品交易征税，改变多少年来以单一农业税为主的税收结构。同时还协调了中央与地方赋税获益的分配关系。两税法的实行，使北魏以来的均田制寿终正寝。其中计亩征税与把田亩列入资产项目及对商业的征税等内容，沿袭的是南朝时的成法并作了一些调整。

两税法的主要内容：

（1）国家根据财政支出确定总税额，各地依照中央分配的数额，向当地人民征收。

（2）土著户（当地人）和客居户（外来户）均编入现居州县户籍，依照丁壮人数和财产（主

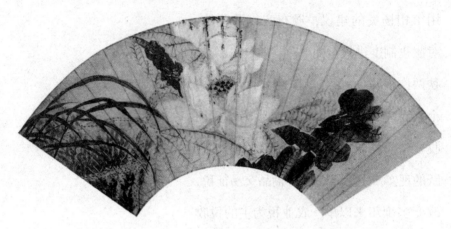

要是土地）多少定出户等，按垦田面积和户等高下分摊税额。

（3）每年分夏、秋两次征收，夏税限六月纳清，秋税限十一月纳清。

（4）两税依户等纳钱，按垦田面积纳米粟；田亩税以大历十四年（779年）垦田数为准，平均摊派。

（5）租庸调和杂徭、杂税全部废除，但按丁额征收的人头税保留。

（6）无固定居处的商人，所在州县依照其收入的三十分之一征税。

就征税对象而言，两税法规定不分土著户、客居户，一律征收两税。其次，两税法规定对无固定居处的商人征税，这也是扩大纳税对象的一项措施。第三，两税法的征税原则是不分人丁，以贫富为征收标准，这与租庸调法的征收原则有本质上的不同。租庸调是以人丁为本，人丁的划分是很重要的；但两税法的征收则无须考虑人丁的划分，因为两税法是以资产为标准的。

两税法所征收的实物税租分钱、谷两类。谷物就是原来的丁税、地租。两税钱主要是原来的户税钱和青苗钱。而所谓的计资，主要依据包括土地、桑田、

居宅、牲畜和钱财等等。同时，从唐建中元年到五代，调绢从正税中消失了，但绵帛之征又从两税钱和田亩税的折纳中复活，从而构成了两税的斛斗（谷物）、钱、绢的三大类，也是同样分夏秋两季缴纳。

当时，各类商税包括：

（1）工商户的资产税：大历四年（789年）凡是有店铺、旅行经商或者金属冶造业务的商人按照一定税率纳税。

（2）过税：各州县设卡，征收盐商的通行税，后来茶商也要征税。关卡一设，自然一般商户也难以幸免。

（3）住税：即交易税、营业税，税率高于过税，两税法定于三十分之一；后来军费、官俸激增，其税率又一再上扬。

（4）农副畜产品税：朝廷往往是明令禁止此类税赋，但各个地方政府进行私自征收是当时很普遍的现象。

（5）各种专卖所需的税赋。

此外，唐代的力役，从很多资料的记载来看，一方面征调丁夫从役，如奉天筑城之类；另一方面雇的方式进一步推广，部分地代替了丁夫从役。唐后期的力役包括正役和杂役。杂役原指正役以外的徭役，又称夫役。除青少年男子义务服役十天外，丁男也可以服杂役，用来折免正役与租调。

3.两税法的影响和意义

制定两税法最现实的政策出发点就是保证中央政府的财政收入。它从制度上规定将征收权力分配到各州县，同时还全部废免了地方收入的苛杂徭役和税收。对巩固中央王权统治基础和限制地方割据势力起到了很好的作用。根据史料的记载，实行两税法后，中央加强了对税收的控制，这也是加强中央集权的一种表现。

在均田制下，国家对租调徭役的征敛，主要依据是人头；两税法则主要是依据土地的多少征税，户税虽说是依据资产征税，但土地是资产中的重要内容，所以也主要是依据土地征税。这种变化，主要是因为均田制破坏后，土地占有情况更加不均，于是轻人头税重土地税就成为发展的必然趋势。这一趋势也意味着封建官府对农民的人身控制有所放松。

租庸调是以均田制为基础，流亡客户因为不属于在当地拥有田地的人，所

以既不编入户籍，也不纳税。两税法只以资产为征收标准，不管土户、客户，只要拥有资产，就一律得纳税。因为贵族官僚原来都得负担户税和地税，所以也必须交纳两税。这样，两税法的推行就极大地扩大了纳税面，即使国家不增税，也会大大增加收入。

两税法将唐代名目繁多的杂税，统一归并为户税与地税两种，这样既简化了征苛捐杂税的名目，又可使赋税相对确定。从制度上避免了官吏乱摊派的可能。

在"以丁身为本"的租庸调制下，不管是地主还是贫民，他们向国家纳税的数量都完全一样，这当然是极不合理的。两税法推行后，没有土地而租种地主土地的人，就只交户税，不交地税。这样就多少改变了贫富负担不均的现象，较为公平。

两税法以货币计算交纳赋税，对商品货币经济的发展有一定的促进作用。但是也出现另一方面的弊端。由于两税中户税部分的税额也是以货币计算的，政府征钱使得市面上钱币的流通量不足，

不久就产生了"钱重物轻"的现象，农民要贱卖绢帛、谷物或其他产品以交纳税钱，无形中增加了农民的负担，到后来竟会比定税时多出三四倍的额度。

两税制下土地合法买卖，土地兼并不再受任何限制，富人逼迫贫民卖地而不移税，地产没有了，但是税还要交纳，到后来实在交纳不上，只得逃亡。农民沦为佃户、庄客者很多。于是土地集中达到了前所未有的程度，最终造成了农民的大规模流亡和社会动荡。

自两税法实行以来，因为租庸调及各项杂税都已并入了户税和地税，所以取消各种杂税的局面只维持了极短的一段时期。不久，腐朽的统治者又卷土重来，增添了许多苛捐杂税，再加上其他原因，人民的负担仍然在增加，生活比以前更加困苦。剥削无法避免，这是封建土地所有制度的根本性质。

三、宋元时期的赋役演变

（一）宋代赋役

宋代初期，田赋一般是按照一亩田地交粮食一斗的定额收取。有的地区如江南、福建等地，则沿袭宋以前十国分立时的旧制，每亩每年纳税三斗，后来又改为夏季收税钱，秋季收米。各地每亩所纳钱米之数也不相同。两税之外还有"丁口之赋"和"杂变之赋"。所谓"丁口之赋"就是把五代十国各政权所曾征收的"身丁钱捐""身丁米麦""丁口盐钱""身丁钱米"之类沿袭下来的一个总名，"杂变之赋"则是把五代十国征收的皮革、农具、鞋钱等税目沿袭下来，将这类杂物合成的一个总名，也叫做"沿纳"。这两者都必须随同两税一起交纳。此外，纳税户还要轮流到各级政府去服差役。

到了北宋中叶，土地兼并呈现出更加剧烈的局面。土地兼并迫使农民转职军旅，使得军队人数激增。北宋初年给予军、公人员极大优惠和特权，可免除差役和赋税。广大农民倾家荡产、流离失所，阶级矛盾和民族矛盾都发展到相当严重的程度。北宋统治集团中的开明地主集团，为了避免类似于汉末张角和唐末黄巢这样的农民起义的爆发，开始采取措施、改革政治。其中以王安石变法最具代表性、影响最大，其中的方田

均税法和募役法直接对应于赋税制度。

1. 募役法

募役法是熙宁四年（1071 年）宋神宗在位期间王安石变法中的一项法令。自古以来，中国农民每年都有服徭役的强制性规定；而募役法的颁布使得原来必须轮流服役的农民可以选择以交钱代替服徭役，再由官府出钱雇人充役。

宋朝的募役法是在唐朝的基础上制定的。将唐朝的"租庸调制"中的"调"的限定由每年缴纳"绢（或绫、拖）二丈、绵三两，或布二丈五尺，麻三斤"改为直接收钱。募役法的主要内容是：废除了前此依照户籍的等级轮番到州县政府应差役的规定，改为由州县政府出钱募人应役。各州县每年对应用募役的费用进行财政预算，由管辖内的住户按照级别的高下分摊。原来轮流服役的人家所交纳的，叫做免役钱；原来享有免役特权的官宦之家，以及女户、僧道户和未成丁户，也都得依照户等交纳，叫做助役钱。在募役应用的正数之外，还要多收20%，叫做免役宽剩钱，为了使政府的财政有宽裕和节余。遇到严重灾荒时，便不需向民户征收役钱，用这笔钱做募

役之用。

　　这是王安石变法中财政改革的一项重要制度。它的最大影响在于使原本拥有免役特权的大官僚大地主阶级也不得不交钱给政府，供政府募役之用。这直接触动了大地主阶级的利益，为日后王安石变法的失败埋下了伏笔。

　　2.方田均税法

　　方田均税法也是王安石变法实行的政策之一。熙宁五年（1071 年）八月由司农寺制定《方田均税条约》，分方田与均税两个部分。方田，意指清丈土地。北

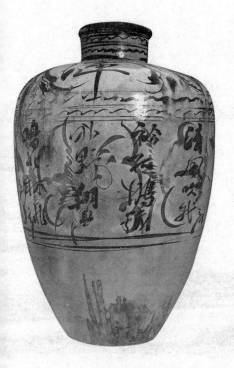

宋初年各地田赋不均，大的豪强地主纷纷隐瞒土地数量而逃税，赋税负担都加在了中小地主和农民身上。王安石采取了以东西南北四边长各一千步作为一大方（相当于当时的一万亩），四边长各一百步作为一小方的丈量方法计数，这就是所谓的"方田"。首先对已经耕种的各州、县土地进行清丈，核定各户占有土地的数量，并按照田地的地势、肥瘠，将田地划分等级，制定地籍，分别规定各等级的税额。并把丈量后的结果记录下来，制成账本作为存案和凭证。如果田产和税额有转移的情况发生，官府负责提供契约，县市要置簿头，并以所方之田为准。均税是以方田丈量的结果为依据，制定税数。

方田均税法的施行对社会发展起到了一定的积极作用，它消除了富豪地主隐田逃税的现象，增加了赋税收入，一定程度地减轻了农民的负担。但它却侵害

了豪强地主阶级的利益，所以遭到他们的强烈反对。到元丰八年（1085年）此法基本废止，至宣和二年（1120年）完全废止，已清丈的方田也仍照旧法纳税。南宋时期，统治集团更是常以大敌当前为借口，进行苛刻的压榨：夏秋两税、身丁钱米等等，都较旧定额增加了五倍至七倍。

3. 宋代的其他税役

北宋初，太祖曾颁布《商税则例》，说明北宋从一开始就有商税的法规。宋代商税分为住税和过税两项。住税为坐商的住卖之税，税率为3%，相当于过去的市税；过税为行商通过之税，税率2%，相当于过去的关税；商税收入除支付地方经费外全数上交中央。北宋前期，细碎物品免税，禁止官吏勒索，但后来商税日趋苛烦，水产、五谷、竹木、书、纸、漆无不有税。北宋末激起了小生产者的反抗。南宋时，各地征税加重，甚至一斗米、一捆柴、零星蔬菜也在收税之列，税额之外的浮取更繁，所以当时的税场有"大小法场"的恶名。正税之外，还有经制钱、总制钱、月桩钱、版帐钱等杂税，大大增加了商民的负担。

两宋管理对外贸易的机构是市舶司。

市舶司对进口商品课以关税，名为抽解。征收一部分商品，送到专门的掌管贸易的官署交易。

唐代已制定两税法，力役征发理应不复存在。但实际上，整个宋代，力役仍常有征发，称为"夫役"，分春夫和急夫两类。服役的项目很杂，多为修城筑路、治河等等。

北宋前期行差役法，职役繁多。有所谓的充军吏的"衙前"，有以督课为职役的"里正"、户长、乡书手，还有供官府驱使的承符、人力、手力、散从等。

后来王安石变法改为募役法，核心是出钱免役，变差役为雇役。免役钱和助役钱随夏秋二税缴纳，实际上开始了摊役入地的变革，虽然最后没有坚持下来，但是也算是一种正在酝酿中的历史进步。

（二）元代赋役

元代的赋役制度的特点是：复杂程度超过前代。各种赋役既有地区的差别，又有因户籍种类不同而存在的差别。其发展的方向违背了人身依附逐渐减弱的趋势，使两宋以来大为松弛的人身奴役依附关系重新强化，如人头税的广泛推

行和徭役的加重。

1. 赋税方面

随着对汉人居住地区征服的扩大，窝阔台初年蒙古贵族的剥削分为"草地差发"和"汉地差发"两种。窝阔台丙申年（1236年）在华北确立丁税、地税、丝料税、商税等税目，后又增包银一项。上述诸项税目后来经常统称"差发"。丙申税制奠定了元代北方的赋税体制，而南方基本上保留了南宋的税制。

北方赋税主要有两项：税粮和科差。税粮分丁税和地税两种。关于这两种税制，当时的纳税原则是丁税少而地税多的人就纳地税，地税少而丁税多的人就纳丁税。具体说来，就是除具有特殊户籍的民户按田亩纳地税外，其余民户均按成人丁数纳丁税。丁税的税额是这样规定的：蒙古政权先以户定税，每户税粮开始为两石，不久增为四石。太宗丙申年起改为以丁定税，税额为每人两石，

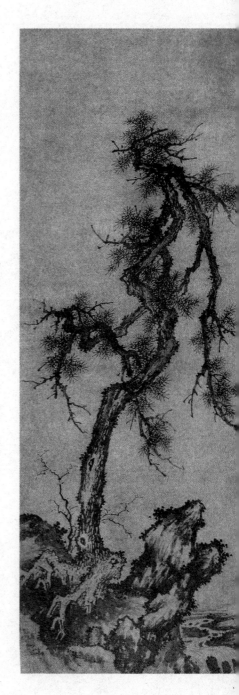

替补军人、新迁来的住户为正常的一半。地税方面，丙申年规定，旱地分上中下三等田，每亩税额分别为三升半、三升、二升；水田每亩五升。至元十七年(1280年)规定地税一律为每亩三升。科差又分为"丝料"和"包银"两种，最初"丝料"是规定每两户交丝一斤给官府，每五户交丝一斤给本城的诸侯；又规定每户交纳"包银"四两，以后征收的数额又因时因地而有所变化。在南方，沿用南宋的税法，以土地税为主，秋税征粮，夏税征木棉、布绢、丝绢等物。

2.徭役方面

元代的徭役制度有两大特点：一是不仅官府花钱雇人的成分有所减少，而且应役面有所扩大，这和唐宋以来力役之征趋于缓和减少的发展方向相反；二是北宋以来名目繁杂的各种职役，到元代已经出现了分化。"里正""主首"等虽然仍作为封建基层政权的职事人员，

但受的压迫剥削越来越重。杂泛差役则包括政府为大兴土木、治河、运输等需要而征发的车牛人夫，以及里正等基层行政设施的职事人员。政府的职事人员开始分化，底层人员受到严重的剥削，这不利于社会稳定，也不符合历史发展潮流。

3. 户籍和杂税

元代实行明显的民族压迫政策。蒙古征服全国后，将其政权下的人民划分为蒙古、色目、汉人和南人四个等级，并且规定这四等人在做官、打官司、科举诸方面有一系列不平等的待遇。蒙古

族在各等人中名列第一等，是元朝的"国姓"。色目人继蒙古人之后名列第二等，主要指西域人。汉人为第三等，指淮河以北原金朝境内的汉、契丹、女真等族以及较早被蒙古征服的大理，东北的高丽人也是汉人。南人为第四等，也叫蛮人、新附民，指最后被元朝征服的原南宋境内各族（淮河以南的人民）。

元代的户籍和赋税、徭役制度也贯彻了这一种族歧视的原则。元代户籍制度将全国居民按照不同职业及其他某些条件（主要为民族）划分成若干种户籍，统称诸色户计。他们所承担的封建义务、隶属和管理系统有所不同，而且一经入籍，就不许随意更动。诸色户计主要分为：军户（出军当役的人户）、站户（专门承担站役的人户）、匠户（为封建国家从事各种工艺制作的人户）、灶户（又称盐户，以煎盐为生的人户）、民户（一般的种田户）等。僧、道等宗教职业者，也各有专门户籍。

元代盐税收入占全国钞币岁入的一半以上，盐的生产由国家垄断。商税也是国库收入的重要来源之一。元代商税，税率为二十取一，以后有所提高。另有各种"额外课"，如历日、契本、煤炭、鱼苗、漆、醋、荡柳、蒲苇、牙例、乳牛、羊皮等均有税；江河商船还要收船钞，赋税空前严苛。

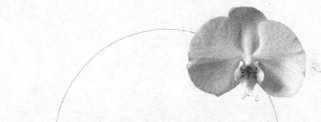

四、明清时期的赋役演变

（一）明初的两税法

明初，仿唐代的两税法，核定天下田赋，夏税征收米、麦、钱、钞、绢，秋粮征收米、钱、钞、绢。夏税秋粮均以米麦为纳税标准，称为"本色"；如果按值用其他物品折合交纳称为"折色"。其额数列于"黄册"。"黄册"即"户口册"，详细登记各地居民的人口与产业情况，

每年由政府审查一次。洪武二十年(1387年)，又经过普遍丈量土地，编制了"鱼鳞册"，详细记载每乡每户土地的亩数和方圆四至，并绘成图。自此以后，明朝政府即根据"黄册"和"鱼鳞册"来限制人民的迁徙和进行赋税徭役的剥削。

1.黄册制度和鱼鳞图册

黄册制度详细登记了各户的籍贯、人口、名、岁、事产情况，而且还规定了每隔十年必须重新核实编造，将本十年内各户人口的生死增减、财产的买卖和产权的转移等等，一一详细登录在册。并且制定了一套严密控制基础社会的"里甲"制度。里甲制度是明朝的基层组织形式，也是明朝政府推行黄册制度的基础之一。里设里长、书手，甲设甲首。均由地方豪绅充任，世代相袭。书手掌管一里的赋税文案。里长、甲首把持地方，武断乡里，包揽词讼，残害人民，并对百姓施以私刑。关于里甲制的编制，众多的

学者普遍认为一百一十户为一里是定制，且它一直保留至里甲制的瓦解。明初，明太祖制定一百一十户为一里的规定是为了便于黄册制度的推行及完善地方机构等原因，而以一百一十户为一里的编制也确实有其特定的作用。黄册的编制体例是以户为主的。虽然登录了每户的田亩数，但土地的四至界址等却没有反映。所以后来又编制了鱼鳞图册。鱼鳞图册即土地登记册，分总图和分图两种。分图以里甲为单位，再以若干里的分图汇总为以乡为单位的总图，于洪武二十六年

（1393 年）编成。据当时的统计，天下土田共计 8507622 顷。图册是以土田为主，以人户为次的册籍，与黄册相辅相成。

两册对赋役的侧重点有所不同。图册重在田赋而黄册重在徭役。明初黄册里甲制度下的徭役，分为里甲、军徭和杂泛三种。其中军徭创行于正统年间，由杂泛分化而来。 里甲，是以里甲为单位而承担的徭役，方法是每年由里长带领一甲十户应役，为期一年，十年一周。职责主要有：管理本乡的人丁事产；协助政府维护地方治安；到各级衙门听候调遣。如有脱漏户口者，要处以杖刑；如不按期按量交纳赋税，要处以笞刑或杖刑。根据大明律，里长知有人逃税而不举报与犯人同罪。

2. 明初的商税和杂役

明初的商税税率，大体上是三十取一。明初时，对书籍、农具、蔬菜等等的交易可以免税。明代的商品交易税，由商人在售货地向税收衙门或官府缴纳。商人纳税，有所谓的"起条"，即开写条由（税票）制度。

明朝设立有竹木抽分局，是为满足官府造船、建筑所需而专门对过境贩卖竹木征收实物的一种机构。嘉靖之后，逐渐由征收实物转向征收银钱等货币税。

明朝的工匠制度大致分为轮班匠和住坐匠两种。轮班匠的服役时间先后有过几次变化。洪武十九年，对工匠轮班制作了统一的规定。全国各地被划入匠籍的工匠分为若干班，轮流到京师服役，每次服役时间为三个月。每个工匠每隔两年赴京服役一次。洪武二十六年进行了第二次改革。打破了三年一班的硬性规定。按各部门实际的需要，定位五年一班、四年一班、三年一班、二年一班和一年一班五种。正统之后，又有所改变。后来逐渐将二年一班和三年一班的都统一为四年一班，服役的时间有所减少。住坐匠是定居而将户籍编入京师或京师附近的大兴宛平等地的工匠。一般说是就地服役，所以叫做住坐匠，工作时间比轮班匠长，但享有月粮、值米的待遇，后来还有月盐的支给和免役的优待。

明朝实行的轮班匠和住坐匠制度，显然比元朝那种永久性充役的工匠制度有所进步。在明朝的工匠制度下，手工业者编入匠籍，应征到官方的手工业工场劳动，从事宫廷用品和军事用品的生产，但轮班匠每三四年为官府服役三个月，住坐匠每月服役十天，其余时间则可以自由安排，这就使几十万工匠仍有大部分时间进行社会生产，这不仅意味着工匠的人身依附关系部分松弛，而且也对社会经济的发展起到了一定的积极作用。

（二）明中叶的一条鞭法

自嘉靖十年起，明朝推行"一条鞭法"的赋役改革，即将各种赋役尽可能归并为几项货币税，以征收货币代替征收实物和征发差役。它最主要特征就是以土地为主要征税对象，以征收白银代替实物的征收；以县为单位统计差役、杂役所需人力、物力的总额，然后平摊到全县土地税中，作为土地税一起征收白银；另外将各种"均徭"改为按人丁数征收白银，称为"丁银"，由官府自行征收。

一条鞭法是中国古代赋役制度的一次重大改革，它以货币税代替实物税，结束了历代以来以征收实物为主的国家税收方式，废除了古老的直接役使农民人身自由的赋役制度，使人身依附关系有所松弛；以资产计税为主代替原来以人头为主的税收制度，有利于税赋的合理分担。它的制定和实施代表了明代开明地主阶级试图获得一种理想状态的各种努力：徭役完全取消；里甲体系不管在形式上还是实质含义上都不再存在；任何残留的人头税都将并入田赋之中。而纳税人可以通过分期支付单一的、固定的白银来履行对国家的义务。

1. 一条鞭法的历史背景

一条鞭法改革主要是役法改革，也涉及田赋。明代徭役原有里甲正役、均徭和杂泛差役。其中以里甲为主干，以户为基本单位，户又按丁粮多寡分为三等九则，作为编征差徭的依据。丁指16-60岁的男丁，粮指田赋。粮之多寡取决于地亩，因而徭役之中也包含有一部分地亩税。这种徭役制的实行，以自耕农小土地所有制广泛存在及地权相对稳定为条件。明中叶后，土地兼并剧烈，地权高度集中。全国纳税的土地约有一半为大地主所隐占，拒不缴税，严重影响了国家收入。再加上官绅包庇、徭役日重、各里之间的土地多寡日益悬殊，原以里甲为编审单位的徭役制使民户的负担越来越不平均，不少农民破产逃徙。由赋役问题产生的阶级矛盾激化，农民起义接二连三地发生，明王朝处于危机四伏的境地。

况且明代的粮长制和里甲制，对人

户实行严格控制，严重限制了人民的行动自由，这是与当时社会经济背道而驰的。

针对以上种种现象，不少人提出改革措施，国家从保证赋役的目的出发，逐渐把编征徭役的重心由户丁转向田亩。随着商品经济的发展，货币作用的上升，也为这一变革创造了条件。

2. 一条鞭法的内容

1581年，明朝内阁首辅张居正为挽救明王朝的内外危机进行了一系列大刀阔斧的改革，其中影响最为深远的就是在全国推行一条鞭法。一条鞭法将原来的田赋、徭役、杂税合并为一条，折成银两，把从前按户、丁征收的役银，分摊在田亩上，按人丁和田亩的多寡来分担，这就大大增加了赋税中的货币比重。

一条鞭法的内容与明初旧的赋役制度有显著的不同，其特点可以归纳为以下几个方面：明初赋役制度在田赋方面是两税，即夏税和秋粮，其后除了米麦之征外，还有布帛之征、折收钱钞之征等等。在役法方面有里甲、均徭等等，越来越繁杂。一条鞭法把原来众多的赋役项目化繁为简，或赋和役各自合为一条，或赋役合为一条；旧的役法有银差和力差，根据户、丁标准进行签发。实行一条鞭法后，徭役一律征银，取消力役，由政府雇人。役银的编派，亦由原先的由户、丁分担变为以丁和田地来分担；明初的田赋征收主要是以"本色"实物为主，折色银的比例很小。一条鞭法规定，除苏、松、杭、嘉、湖地区供应京师宫廷的漕粮外，其余地区的田赋一概征收

白银；明初征收田赋和徭役以里甲为单位，实行一条鞭法后，计算赋役数额时，以州县为单位，各州县原有的赋役总额不得减少，徭役的编审也由十年一次改为每年一次，州县官根据当年的通盘情况，以丁田分摊与各个纳税户；赋役银由地方官直接征收。交纳、储存和运输都很方便。

3. 一条鞭法的沿革

早在宣宗宣德年间（1426—1435 年）江南出现的征一法，英宗正统年间（1436—1449 年）江西出现

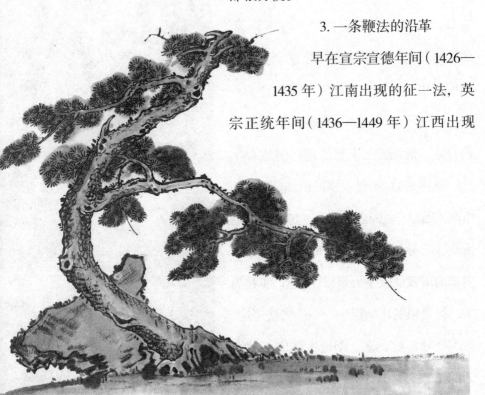

的鼠尾册，英宗天顺（1457—1464 年）以后东南出现的十段锦法，成化年间（1465—1487 年）浙江、广东出现的均平银，弘治年间（1488—1505 年）福建出现的纲银法，都具有徭役折银向田亩转移的内容。

　　但这些改革只是在少数地区实行。推行全国的一条鞭法是从嘉靖九年（1530 年）开始的。实行较早的首推赋役繁重的南直隶（约今江苏、安徽）和浙江，其次为江西、福建、广东和广西，但这时也只限于某些府、州、县，并未普遍实行。由于赋役改革触及官绅地主的经济利益，阻力较大，在开始时

期进展较慢，由嘉靖四十年至穆宗隆庆（1567—1572年）的十多年间逐渐推广。

万历初首辅张居正执政时期，经过大规模清丈后，才在全国范围推行，进展比较迅速。万历十年（1582年）后，西南的云贵和西北的陕甘等偏远地区也相继实行。但即在中原地区，有些州县一直到崇祯年间（1628—1644年）才开始实行。前后历经百年。

由于历史条件的限制，有明一代，一条鞭法未能认真贯彻执行。在已实行的地区，有的地方官府仍逼迫农民从事各种徭役；有的额外加赋，一条鞭之外更立小条鞭；更严重的是借一条鞭法实行加赋，有的地区一条鞭原额每亩税银五分，崇祯年间为了抗击后金有的甚至加至一钱以上，即晚明三饷（辽饷、练饷、剿饷）的加征，骤增重负，一条鞭法遭到严重破坏。

4.一条鞭法的意义

　　一条鞭法的推行，使明政府的收入有了显著的增加，财政经济状况也有不少改善。国库储备的粮食多达一千三百多万石，可供五六年食用，比起嘉靖年间国库存粮不够一年的情况，是一个很大的进步。

　　一条鞭法是我国赋役制度史上的重大改革，它的重要意义在于：它简化了赋役的征收手续，改变了以前赋与役分征的办法，使二者合而为一，并出现了"摊

丁入亩"的趋势；役归于地、量地计丁、纳银代役的规定，相对减轻了农民的负担；徭役征银的办法使农民对封建国家人身依附关系有所松驰，为城镇手工业增添了较多的劳动力；由于赋税征银，对货币地租的产生和部分农作物的商品化起了一定的促进作用。同时适应了商品经济发展的需要，促进了货币地租的发展，有利于农业商品化和资本主义萌芽的增长。它推动了中国封建赋役制度的进步，为清初"摊丁入亩"的变革奠定了基础。

（三）清代的摊丁入亩

1. 摊丁入亩的历史背景

摊丁入亩是清朝统治者为缓和土地兼并、维护自身统治而实行的一项政策。清政权刚刚入关的时候，他们的皇室、贵戚和大大小小的官吏就疯狂地

圈占汉人土地，也就是著名的跑马圈地；土地兼并由此一发而不可收拾。后来随着游牧文明向农耕文明的转化，地主经济复苏，清朝统治阶级对土地的兼并更加热衷和疯狂。他们以购买或直接索取等多种手段进行无休止的土地兼并，剥夺了大量自耕农的土地。尤其在当时，商品经济已经有了一定程度的发展，土地也被纳入商品的范畴进行交易，地权转移因此大大加速。土地集中已经达到了无可复加的地步，农村里自然产生了大

量没有耕地、没有产业的男丁，这对清
政府的统治有害无益。

其次，丁役负担严重不均。清代前
期征收赋役的原则是以土地和人口为依
据的一条鞭法，但是农民大量流亡，原
本制定的税额和徭役总量摊派到没有流
亡的农民身上，使得农民负担极度沉重。
这样，丁役负担的严重不均反过来又继
续加重了农民的逃亡，使政府户籍管理
和赋税收缴更加困难。

总之，人丁逃亡和
丁役不均引起的一系
列连锁反应，终于严
重威胁到清政府的统治。首先
是赋税收缴困难，政府钱粮严重

亏空。从康熙五十年到雍正四年的一百
年间，大多数省份积欠的钱粮高达几
十万到几百万不等。其次，丁役负担沉
重地压在没有逃亡的无地或少地农民身
上，造成了阶级矛盾的尖锐化，农民集
群围攻官府的事件时有发生，农民起义
此起彼伏。因此，采取摊丁入亩的政策
就成为维护清政府统治的必然选择。因
为摊丁入亩的原则是人丁多的田地就多、
人丁少的田地就少，但是也保证其拥有
田地，所以田多丁少的地主阶级被迫承
担更多的赋役，土地兼并得到了一定的
限制。摊丁入亩以后，地主阶级的利益
不再像明代以前那样优厚，土地的负担
大幅度加重，使得阶级矛盾得到了一定
的缓解。

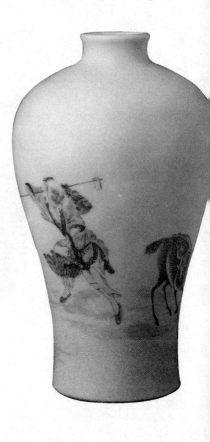

2."摊丁入亩"的内容

清朝入关以后，宣布以明代的一条
鞭法征派赋役，并免除一切杂税和晚明
时的三饷。但是由于当时战争仍然频繁，

这条规定并没有真正执行，各种杂税和杂役仍不断增多。

同时，一条鞭法虽然把针对徭役的税银转移向田地的亩数征派，但丁银（也就是人头税）从未废除。到康熙年间(1662—1722年)，人民的丁银负担极为繁重，有些地方例如山西等地每个男丁的人头税高达四两银子，甘肃巩昌高达八九两银子。农民根本无力支付，只能被迫逃亡，拒绝交纳丁银，导致了男丁人数无法统计、丁银收缴难以完成的状况。为了解决这个问题，康熙五十一年清政府宣布，以康熙五十年(1711年)全国的丁银总数为准；此后再增加的人口不必缴纳人头税，声称"圣世滋丁，永不加赋"。

到了雍正年间(1722—1735年)，清政府又进一步采取了地丁合一、推丁入亩的办法，即把康熙五十年固定的丁银(人丁二千四百六十二万两、丁银三百三十五万余两)平均摊入各地田税当中，统一征收。从此，人头税就完全随田税一起征收，成为清朝固定的赋役制度。

3. 摊丁入亩的意义和局限性

摊丁入亩与一条鞭法相同的地方在于把人头税统一到土地税中一起征收。但两者又有不同，主要体现在：一条鞭法的"指丁"的是差役，摊丁入亩的"指丁"的是丁银；一条鞭法只在某些州县推行，各地情况相差很大，摊丁入亩则在"永不加赋"的国策层面加以固定，广泛推行到全国范围。

摊丁入亩结束了长期以来田税、人头税与力役交织的混乱赋役制度，完成了人头税合并进入财产税的赋税合并过程，是我国赋税制度的一个进步。其历

史意义和局限性主要体现在以下几个方面。

首先，摊丁入亩以后，社会生产力得到一定程度的发展。当然，这并不完全是摊丁入亩的赋税制度造成的，其中包含了生产力发展的惯性作用。同时值得注意的是，这段历史时期，社会生产力得到了发展，与同一时期欧洲方兴未艾的工业革命相比，仅仅是现有生产力

的量的增加而不是质的飞跃。特别是农业的发展仅仅表现在耕地面积和劳动力的增加——这正好说明农村控制了比以前更多的人口，手工业上只是工艺和专业化方面的某些改进；而作为生产力因素中重要一环的生产工具，并没有实质性的突破。由此可见，清代的生产力发展是十分有限的。

其次，摊丁入亩抑制了土地兼并，使得大量自耕农可以有条件地生存下来，有效地维护了清朝的统治。自耕农就是自己拥有土地、自己耕种的农民，是封建政权各种赋税和徭役的主要承担者。封建社会中，自耕农的地位是孤立且极不稳定的，所占有的土地是少量的，只能作为自己生存的条件，而不用于剥削他人。我国古代，农业人口长期占人口总数的百分之九十以上，因此自耕农人口的多少，往往被看做是封建经济制度稳定的指示剂。正因为这样，历代地主阶

级改革者，总是主张用均田或者限田一类的办法来保护自耕农的数量。从这个角度来看，摊丁入亩是具有积极意义的；但是局限性也同时出现了——对封建经济有很大适应性的自耕农，是不适应资本主义萌芽和发展的。从工业革命前后欧洲各国的圈地运动可以清楚地看到，通过圈地运动使大量失地农民作为自由劳动力去参加工业生产，是一个共通的历史阶段。新的资本主义萌芽所需的条件无法在自耕农中形成，是因为自耕农生产规模狭小、满足于自给自足的层次，社会分工难以发展，资本主义生产方式所需的各种条件都不具备。

第三，摊丁入亩助长了人口的增殖。以湖北为例，实行摊丁入亩之前，每年人口的增殖很小，实行摊丁入亩之后，由于人头税被取消、人丁按照规定可以获得一定数量的土地，人口增长大大加快。但是局限性在于：人口的激增不仅不能帮助提高生产力，反而限制了生产力的发展。因为生产资料的增长被用来抵消人口的增长，大多数劳动力忙于生产生活消费资料，农产品中的商品部分必然

降低，用来扩大再生产所需的物资、人力都不足，整个社会的生产活动处在一个低层次建设和扩充的阶段。

（四）清代的商税

清代咸丰 (1851—1861 年) 以前的商税条例，大体上继承了明代的一系列规定，又在明代商税法的基础上增加了牙税、当税和契税等专项税收。

牙税就是针对牙行的一种特别营业税。牙行，是指中国古代和近代市场中为买卖双方介绍交易、评定商品质量和价格的中间商。雍正年间规定，牙帖 (经营牙行的执照) 由户部颁发，每五年配发一次新帖；每年还要征收一定的牙税，此外根据资产、买卖成绩的不同，每家牙行每年缴纳营业费五十两到一千两不等。

当税就是当铺的营业税。顺治九年

制定了当铺的税例，规定每个当铺每年固定纳税五两。康熙五年又规定，根据当铺的经营规模，每年征收银两从二两五钱到五两不等。此后又产生了很多针对当铺的附加税，税额也逐渐增高，到光绪年间(1875—1908年)增加到五十两。

顺治四年(1647年)规定，民间买卖土地房屋的时候，卖主缴纳卖价的3％作为契税，当地官府在契约书上盖官印作为凭证。雍正七年又将契税提高了一个百分点，用作科举考试的考场建设、维护的费用。乾隆十四年又对契税法进行了进一步的细化和严格规定。其中，对契约的印制、填写及保存做了很多详细的要求。例如，无契尾（契尾就是在契约书后面记载具体交易日期、卖主、引进人、见证人和代书人）者，照漏税律例论罪；并且提高了税率，买家需要支付的契税为9%，典契（就是典当土地的契约书，一般不经官府，完全由民间自行协议，但一般都标注了回赎内容的条款）的税率为4.5%。

五、中国古代赋役制度发展的
规律和特点

纵观整个中国古代赋役发展，我们可以把中国古代赋役分为四大类，包括以人口为依据的人头税和以人丁为依据的丁税；以户为依据的财产税，即调；以田亩为依据的土地税（田租）；以成年男子为依据的徭役、兵役和其他苛捐杂税。

（一）我国古代赋税制度沿革的一些规律

1.由向国王纳税转变到国家征收土地税。

2.征税标准从以人丁为主向以田亩为主过渡，人头税在赋税中所占比例越来越少并最终废除，以唐代的两税法和清代的地丁银制度为标志。

3. 由实物地租逐渐向货币地租发展。

4. 由农民必须服徭役和兵役发展为可以以实物或者货币代役，以隋代的征庸代役和明代一条鞭法为标志。

5. 征税时间由不定时逐渐发展为基本定时，以两税法为标志。

6. 税种从繁多到单一，呈现逐渐减少的趋势，以一条鞭法为标志。

7. 随着商品经济的发展，对商品征收重税。

这种演变说明，随着历史的进步封建国家对农民的人身控制松弛；用银两收税则是封建社会后期商品经济活跃及资本主义萌芽产生的相应反映。

中国古代赋役制度演变的实质是封建生产关系的调整；封建国家对农民人身控制的松弛是历史发展和进步的必然结果；用银两收税是封建社会后期商品经济发展和资本主义萌芽的反映。

（二）中国古代赋役制度的本质特点

1.难以减轻的赋税——黄宗羲定律

中国古代每一次重要的税制改革都是为了把各种各样的赋税归类、统一，简化形式，减轻负担，但是一段时间之后，各种各样的苛捐杂税又重新出现了；如此反复，实际上等于农民的负担不但没有减轻，反而一直在加重。举例来说，唐代两税法实行之初，把庸和调合并到

田租中，不再征收其他杂税，但是不久各种苛捐杂税就纷纷出炉；宋代更是在两税之外正式加收丁身钱；明代中期一条鞭法已将各种杂税合并在一起，但是后来又开始征收杂役、旧饷、新饷、练饷等等，到了明末终于将三饷合并成为固定的税收。

这就是著名的"黄宗羲定律"。清代思想家黄宗羲在其著作中首次总结了古代赋税难以减轻的现象和原因。他分析指出，赋税每经过一次改革，都将杂征变为正税，以后又出现新的杂征，这样下去反而使赋税不断加重。黄宗羲定律

反映了历史上赋税不断加重的客观实际，揭示了奴隶主、地主统治阶级贪得无厌、横征暴敛的本性，实际上指明了我国封建专制王朝时代税费改革的一个怪圈。

2. 难以实现的理想——"耕者有其田"

在中国历史上，孟子最早提出使"民有恒产"的政策，意思是说要让老百姓拥有一些基本的生产资料。孟子希望统治阶级可以顾虑到普通百姓的生活，使人民温饱，有能力供养父母妻儿，荒灾之年不至于饿死；由于当时主要的生产资料就是土地，因此其实质就是耕者有其田。在两千多年的历史中，耕者有其田成为广大人民一辈又一辈的理想和愿景；历代农民起义和地主阶级的变法改革，都是以此为蓝本和标准的；从明末李自成的"均田免粮"到近代孙中山的平均地权，都是在为了这个理想而奋斗。

中国古代以农业作为立国之本，以土地为依据的田租始终是古代赋税制度

必不可缺的重要组成部分。秦代以后的各个朝代，几乎都不同程度地实行过均分田地的田制改革，由此产生的土地税变革虽然名目繁多但还是有规律可循的，其基本规律一般是：前一个王朝的后期出现土地兼并、农民流亡和户口隐匿的现象，然后统治阶级为了解决财政困难而加大赋税征收的范围和力度，由此激起农民起义和地方割据势力的兵变；新的王朝建立后，几乎都要面对土地大量

荒芜、社会经济凋敝和民不聊生的局面，于是各代新王朝都迫不得已采取一些均分土地的措施和制度；之后经过一段时间，新王朝的土地兼并、农民流亡又再度恶化，中央政权与地方豪强地主的斗争在赋役制度变迁史上继续循环往复下去。在这个过程中，田赋制度改革并没有把封建土地私人占有制完全转化为国家所有制，只是通过加强田赋征收管理以夺回中央朝廷的税收，减轻人丁税和实行赋役合一都是在与地方豪强地主争

夺缴税的农民。因此耕者有其田只是这一权利角逐过程中一些措施手段，使人们产生的幻觉而已，真正的耕者有其田直到新中国成立后才得以实现。

综观从夏商到清代的赋税制度及其演变，可以看出中国历代的赋税制度是不断进步的。每一次重大的赋税制度的变革都是对之前的赋税制度的修正，使之趋于合理、行之简便，对当时社会的经济发展和政治稳定作出了贡献。马克思说过，赋税是政府运行及实施管理的经济基础。中国古代税法及其确立的赋税制度，是建立在奴隶制经济基础或封

建地主经济基础之上的上层建筑，是奴
隶主阶级或封建地主阶级维护其统治的
工具，是为当时的统治阶级利益服务的。
历代封建王朝的税法规定，赋税按田亩、
户等和丁口承担。但是，对于地主来说，
他们并不从事生产劳动，他们所缴纳的
税实际上是农民所提供的地租的一部分，
也就是不管怎样改革，农民的赋税都出
于地租的本质不会改变。因此，归根结底，
赋税是农民剩余劳动的转化形式，是地
主阶级对农民阶级的剥削。